LE REGISTRE

DE

LA CHARITÉ DES CORDELIERS

DE BERNAY

Par M. l'Abbé PORÉE

Curé de Bournainville,
Inspecteur de la Société française d'Archéologie,
Membre correspondant du Comité des Sociétés des Beaux-Arts
des Départements.

ROUEN

IMPRIMERIE DE ESPÉRANCE CAGNIARD

rues Jeanne-Darc, 88, et des Basnage, 5.

—

1887

(11)

LE REGISTRE

DE

LA CHARITÉ DES CORDELIERS

DE BERNAY

Par M. l'Abbé PORÉE

Curé de Bournainville,
Inspecteur de la Société française d'Archéologie,
Membre correspondant du Comité des Sociétés des Beaux-Arts
des Départements.

ROUEN

IMPRIMERIE DE ESPÉRANCE CAGNIARD

rues Jeanne-Darc, 88, et des Basnage, 5.

—

1887

LE REGISTRE

DE

LA CHARITÉ DES CORDELIERS
DE BERNAY

Il existait à Bernay, avant la Révolution, quatre confréries de Charité (1) : à Notre-Dame de la Couture, à
Sainte-Croix, à l'Hôtel-Dieu et aux Cordeliers. La première, fondée en 1398, par Guillaume d'Estouteville,
évêque de Lisieux, et la seconde, établie en 1400 par le
même prélat, possédaient des Registres d'inscription fort
curieux. L'un, qui remonte à l'année 1398, est aujourd'hui
conservé dans les archives de la Fabrique de la Couture ;
celui de Sainte-Croix ne remontait qu'à l'année 1518. Il a
malheureusement disparu au moment de la suppression de
cette Charité, en 1858. M. Sainte-Marie Mévil a donné sur
ces deux « chartriers campagnards », comme il les appelait,
une curieuse et savante étude, qui compense un peu la
perte du Registre de Sainte-Croix (2).

(1) La Charité de Sainte-Croix de Bernay avait pour armoiries : de
sable à une bande d'argent. Celle de la Couture : d'argent à un cœur
enflammé de gueules chargé d'un nom de Jésus d'or. Celle de l'Hôtel-
Dieu : d'azur à une Notre-Dame ayant plusieurs personnes à genoux
sous son manteau, le tout d'or. Celle des Cordeliers : d'or à un cœur
enflammé de gueules et percé en barre d'une flèche de sable ferrée
d'argent. R. Bordeaux. *Armoiries des confréries de charité*, p. 44.

(2) *Chartes de la Charité de Notre-Dame de la Couture*, Paris, 1855.

On ignore l'époque de la fondation de la Charité de l'Hôtel-Dieu ; on ne sait pas davantage ce qu'est devenu son Registre (1).

La quatrième Charité, celle des Cordeliers, existait dès 1397, comme le prouve un accord intervenu, en cette année, entre les frères servants et les religieux Cordeliers pour l'acquit des services et fondations (2). Son Registre renferme plusieurs pièces rimées offrant un véritable intérêt historique (3). C'est là le côté original de ce recueil, qui ne présente pas, comme les Registres de Surville et de Tourgéville, si remarquablement analysés par M. Charles Vasseur (4), un grand nombre de renseignements sur les familles nobles de la contrée. D'ailleurs, la plus grande diversité de rédaction règne dans tous ces registres, jamais clos durant des siècles, et se ressentant nécessairement de la tournure d'esprit, comme de l'habileté calligraphique de ceux qui tenaient la plume (5).

Le Registre des Cordeliers de Bernay forme un petit in-folio carré, dérelié, en parchemin, de 29 centimètres de

(1) Cf. Malbranche. *Notice sur l'Hospice de Bernay*, pp. 6 et 9.

(2) *Registre des audiences du bailliage d'Orbec séant à Bernay* (Archives de l'Eure).

(3) Ce Registre appartient à Mlle Boudin-Blondel, de Bernay, qui l'a très obligeamment mis à notre disposition.

(4) *Le Registre de la Charité de Surville.* Caen, 1864, et *Le Martologe de la Charité de Tourgéville.* Caen, 1875. — M. Veuclin a le premier signalé à l'attention des amateurs d'histoire locale, le *Registre de la Charité des Cordeliers,* dont il a donné quelques extraits ; mais le texte publié est défectueux en plusieurs endroits. Voir *Le Bernayen,* n[os] des 5 et 12 août 1882.

(5) A l'année 1618, on lit au bas de la page : Hervieu, escrivain à Bernay. *Registre de la Charité des Cordeliers.*

hauteur sur 22 centimètres de largeur. Il ne comprend actuellement que 39 feuillets, du fol. 88 au fol. 127 (1) ; il y a donc une regrettable lacune au commencement ; celle de la fin est beaucoup moins importante. Les initiales sont rubriquées avec une certaine habileté ; plusieurs sont ornées d'entrelacs à la plume, avec profils grotesques. Jusqu'en 1601, les noms des frères serviteurs sont rangés sur deux colonnes, et l'écriture gothique est seule employée ; puis vient une cursive plus ou moins soignée.

Au commencement du Registre devaient se trouver la bulle ou la charte de fondation et les statuts de la confrérie, analogues, sans doute, à ceux de la Charité de la Couture. Notre Registre ne commence qu'à l'année 1549 : « Les frères serviteurs pour l'an mil cinq cens quarante neuf, portans chapperons blancs. » Il s'arrête à l'année 1702 inclusivement.

Les frères étaient au nombre de quatorze, compris le prévôt et l'échevin ; il y avait, en outre, un clerc et un crieur. La durée du service était de deux ans.

La couleur du chaperon a varié pendant plusieurs années. En 1562, les frères portent des chaperons verts ; en 1563, des violets ; en 1564, des blancs ; en 1565, « chapperons pers » ; en 1566, « chapperons verds ». De 1567 à 1575, ils portent « chapperons rouges » ; c'est la couleur qui paraît avoir été définitivement adoptée.

En 1556, les frères serviteurs firent don à la chapelle des Cordeliers, siége de leur confrérie, d'un vitrail représentant la Sainte Trinité. L'échevin prit soin de consigner

(1) On a ajouté un second cahier et quelques feuillets qui se chiffrent jusqu'au fol. 144.

le fait dans le Registre, à la suite des noms des confrères.
Le tout fut mis en vers de huit pieds, ou à peu près, par.
quelque poète du crû. Et comme il était encore de mode de
blasonner les gens, nous trouvons ici le curieux blason de
chaque frère serviteur. Nous n'avons pas besoin de dire
que la poésie est plus que médiocre ; mais elle a une saveur
locale, un accent naïf qui ne sont pas sans charmes. On
devine, à plus d'un trait, que la vieille gaîté normande
devait assaisonner le banquet des confrères, lorsqu'au jour
de la Sainte-Trinité ils se réunissaient en corps pour fêter
le convoi du nouvel échevin.

> Lan (1) que mil V^c on comptoit
> Et cinquante six, lors estoit
> De ce lieu tres sainct et devot
> Maistre Loys Bertin prevost,
> Bailly pour vray de Maneval.
> Iehan Hardy comme homme loyal
> Y fut eschevyn ordonney.
> Richard Prevost dit de Gourney,
> Maistre Robert Ynger greffier
> En viconté sans varier,
> Qui estoient gens de bonne vie,
> Y servoient en la compaignye
> De troys Nicolas bons preudhomes,
> Desquels les cognoms ie vous nommes :
> Cest Jambin, Gonthier et Dumont,
> Et Laurens Baudouyn qui onc
> Par son dict ny fut ennuyé ;
> Et maistre Symon Pipperey

(1) *Registre,* fol. 89.

Greffier en lelection
Leur donnoient bonne adionction;
Et Nicolas de Lespiney
Qui estoit tousiours saluey .
Pour sa terre proprietaire
Par ce tiltre de Cauvyniere.
Maistre Jehan Passot en cort laye
Advocat d'une chere gaye
Y servoit, et Michel Noel
Vendant bon vin blanc et vermeil.
Les deux aultres ie vous enseigne,
Nicolas Le Sueur le jeune
Cestoit, et Françoys Croq aussy,
Gens de bien vivans sans nul fi.
Me Jehan Jehan fort propice
Cest an faisoit du clerc loffice,
Et Robert Tillot homme meur
Cedict an en estoit crieur.
Les dessusdicts quatorze freres
Conduirent sy bien les affaires
De ceste saincte charité,
Combien que lors fust grand charté,
Que tant de largent de la boëte
Que au moyen d'une mosne honneste,
Dont ilz furent eslargissans,
Firent faire et dresser ceans
La vitre qui nous represente
La Trinité toute puissante.
Lecteurs qui lisés cest escript,
Je vous supply en Jesuschrist
Nullement ne leur imputer
Quilz ont cy mis pour sen vanter :

Mais cest pour rendre les servans
Presens et futurs plus fervens
A decorer ce divin lieu,
Et aussy pour prier a Dieu
Quilz ayent paradis pour loyer
Quand ce viendra au jour dernier.
Je vous pry donc daffection
Ne fruster leur intention.

Une note d'une écriture moins ancienne, qui se trouve au bas de cette pièce, nous apprend que la vitre de la Sainte-Trinité fut « racommodée en 1562 et 1581, ce qui coûta 46 livres aux frères. » Dans cette somme était comprise la réparation que l'on fit en même temps à la verrière de Saint-Eustache dont nous allons parler. Les Huguenots étaient venus saccager Bernay, et les verrières des Cordeliers avaient essuyé plus d'une arquebusade.

Voici le blason des frères serviteurs pour l'année 1560.

En (1) lan mil cinq centz et soixante
Dix davantage q. L. (2)
Les freres servantz en la charité,
Des Cordeliers Bernay en vérité
Ont faict faire une vittre triumphante,
Laquelle nous demonstre et represente
La vye de monseigneur St Eustace
Homme iuste et de noble race.
Doncques les noms desdictz freres nommez
Sont cy dessoubz mis et bien ordonnez

(1) *Registre,* fol. 90.
(2) Que cinquante.

Lun apres lautre bien proprement
Comme vous voiez ycy presentement.
Premierement y estoit servant et prevost
Nicolas Jouen ainé homme fort devot.
Secondement y estoit lors eschevin
Jehan Queriere homes doulx et benin.
Raulin Le Clerc aussy pareillement
Y servoit bien cordiallement.
Estienne Féron en apres serviteur
Prompt a servir ses freres de bon cœur.
Jehan Fessard aussy semblablement
Servoit ses frères moult benignement.
Et puis ensuyt Jehan Laulney vrayment
Homme de bien et de bon agrément.
Puis apres se marche Denys Quemin
Boullenger de Bernay faisant bon pain.
Puis apres vint Guillaume Tayure,
Coustelier est et non pas orfebure.
Pierre Hamel vient apres moult soubdain
Pour bien servir ses freres sans desdain.
Tassin Vilain, vendeur de vin non biere
Y servoit en faisant bonne chière.
Puis ensuyt apres Guillaume Soulde,
Servir si veult a bras, mains et couldes.
Benoist Viret, ce bon compaignon
Or ne argent ne prise un oingnon.
Gervais Hamel, aussi bon serviteur,
Si servoit ses freres de bon du cœur.
Puis ensuyt Jehan Thuret bon frère,
Pour servir se monstre gent confrère.
Puis en apres vient Robert Renier
Qui estoit clerc sans y point variée :

Et puis apres Robert Tillot crieur,
Pour son service en aura bonheur.
Les dessusdicts quatorze freres
Conduyrent si bien les affaires
De ceste saincte et noble charité,
En accordant lun a laultre en unité,
Que tant de largent de la boëte
Que au moyen d'un aulmosne honeste
Dont ilz furent eslargissans,
Feirent faire et dresser céans
La dicte vittre dessus predicte
Estre parfaicte et bien pourtraicte,
En l'honneur de Dieu et St Eustace
Que nous prierons nous doner la grace
D'avoir le royaulme des cieulx
Et estre mis avecq les bien heureux.
Qui sera la fin de ce present escript,
Priant Dieu nostre Saulveur Iesuschrist
Que freres et sœurs cy dessusdictz
Puissent estre avecq les benedictz.

Amen.   1560.

Les guerres civiles, qui désolèrent la France à la fin du
xvie siècle, pesèrent lourdement sur Bernay. Le 18 mars
1563, le prince de Porcien, lieutenant de Coligny, prit la
ville d'assaut et la livra aux flammes. L'abbaye, les églises,
les couvents furent pillés par les Huguenots ; plusieurs
prêtres, notamment le gardien des Cordeliers, furent mis à
mort. C'est ce religieux, nommé André Du Guay ou

Du Guez, qui a été depuis honoré à Bernay sous le nom de
saint Paty, saint Souffrant, *sanctus Patiens* (1).

Le Registre de la Charité ne parle point des scènes hor-
ribles dont la ville fut alors le théâtre ; mais la pièce que
nous allons reproduire nous fait connaître les menaces et
les vexations de toute sorte, par lesquelles les hérétiques
préludaient aux meurtres et pilleries qui allaient bientôt
suivre.

Lan (2) mil cinq centz soixante et deux,
Regnoyent et couroient en plusieurs lieux
Hereticques lutheriens et huguenotz,
Parmy le monde comme bestes et gentz sotz.
Des eglises les ymages derompoient ;
Aussy libvres et aornementz brulloyent,
Denigroyent la messe et les saincts sacrementz,
Eulx se monstrantz comme infames et meschantz
Et aultres maulx exécrables faisoyent,
Comme pilleries, larcins, et gens tuoyent.
Et estoit le peuple en grande souffrance,
En craincte merveillement et doubtance.
Et de la peur que les gents avoient
Parmy les bois et champs se meuroient.
Et si failloit laisser les maisons
Et sen fuyr parmy les hayes et buissons,

(1) « Le père André du Guey, gardien de cette maison, fut jetté dans
la rivière par les Calvinistes en haine de la religion catholique, il est
représenté dans l'église des Cordeliers sous le nom de S\ Pati. »
Almanach de Lisieux pour l'année 1787, p. 91. A Lisieux, chez
Mistral.

(2) *Registre*, fol. 90, vᵒ.

Que Dieu par sa s[te] bonté
Nous garde de tels gentz asso[té].

Amen.

En cette même année 1562, « au terme de la Trinité de Paradis », les frères purent néanmoins renouveler, selon l'usage, la moitié de leurs membres. Le poète de la confrérie blasonna encore les confrères : ce fut la dernière fois. Désormais les listes donneront simplement les noms et les qualités des frères serviteurs.

Lan (1) mil cinq[c] soixante et deux ici dessusdict,
Au terme de la Trinité de paradis,
Estoient frères de la charité de ceans
Les personnes cy mis chapperons vers portans.
Premierement.
Guillaume Soulde y demeura prevost
Lequel y servoit d'un cœur entier et devot.
Nicolas y fut esleu eschevin
Home d'honneur, cordial, doulx et benin.
Guillaume le Canvre, hoste du leon (2),
Il y servoit de cœur et daffection,
Robert Gueroult boullenger de Bouffey (3)
Serviteur y estoit servant dun cœur gay.
Pierre Duclos aussy pareillement
Serviteur estably servant ioyeusement.
Pierres Hebert en apres serviteur,
Servant de bon vouloir et en doulceur.

(1) *Registre*, f° 91.
(2) Hôtelier du Lion.
(3) Bouffey, paroisse voisine de Bernay.

Colas Queron, bon compaignon,
Il y estoit serviteur tres bon.
Iacques, pour son surnom nomé Folin,
Y servoit dun cœur aimable et enclin,
Guillaume Challeau, Marguerite sa feme,
Bon serviteur y estoit et sans nul blasme
Iehan Jamet sergent, sa feme Anne,
Y servoit de foy loyalle et bonne.
Guillaume Le Hure, Anne sa femme,
Homme de bon renom et non infame.
Iacques Le Roux et sa feme Gertrude
Y servoient de cœur et sollicitude.
Iehan Cosnard et sa feme Marion
Y estoit serviteur homme de bon renom.
Raulet Vandard et sa femme Girete
Serviteur et que bien lan souhette.

Dans le désarroi qui suivit l'assassinat de Henri III, on vit se former dans le diocèse de Lisieux des bandes de paysans qui s'étaient soulevés à cause des pillages des gens de guerre et des exactions des receveurs des tailles. Ils étaient au nombre de dix à quinze mille. On les nommait Gautiers, parce que leur premier rassemblement avait eu lieu à la Chapelle-Gautier. Le comte de Brissac n'eut pas de peine à les enrôler dans le parti de la Ligue. Le duc de Montpensier, gouverneur de Normandie, vint les poursuivre jusqu'à Bernay, qui s'était déclaré pour la Ligue et les Gautiers. Ce fut dans le vallon de Saint-Michel que la bataille commença. Mais Bernay, dit Masseville, « voulut se faire battre dans les formes ; il fallut employer la grosse artillerie et l'on y donna deux assauts. Au second, il y eut un combat qui dura quatre heures. Enfin, Bacqueville et Grimonville y entrèrent à la tête de leurs soldats et la place fut forcée. L'on y fit un grand carnage et la plupart de la ville fut brûlée. Le dernier·assaut coûta aux royaux seize gentilshommes et environ cent soldats. Les habitants qui se rendirent à discrétion, furent délivrés en leur faisant jurer qu'ils ne porteraient plus les armes contre leur roi (1). »

Le Registre de la Charité des Cordeliers renferme, sur cette guerre toute locale, une longue pièce de vers, la plus curieuse de toutés, dans laquelle se trouve racontée la défaite des Gautiers (2). C'est le seul document (D'Avila ni De Thou n'en parlent pas) qui nous apprenne l'endroit précis, le vallon de Saint-Michel (3), où la bataille s'engagea :

(1) Masseville. *Hist. sommaire de Norm.* V. 270. Cf. Le Prevost. *Mém. et notes sur le dép. de l'Eure*, I, 278.

(2) *Registre*, fol. 96.

(3) Le vallon de Saint-Michel est situé au nord de Bernay. Il n'est ici parlé que de la venue du duc de Montpensier en 1589 ; cependant il revint à Bernay l'année suivante, au mois de juillet, ainsi qne nous l'apprend ce passage du Registre de la Charité de Sainte-Croix.

> Lan quatre viatz et dix apres cinq centz et mille,
> Que ce royaume estoit par la guerre civille
> Presque tout renversé, les frères de ce lieu
> N'ont pour cela laissé le service de Dieu.
> Non que le souvenir de la perte receue
> En l'an quatre xx neuf, qui fut par la venue
> Du duc de Montpensier, en débauchast quelqu'un,
> Ny quand ce duc revint (mal plus grand a chascun)
> En juillet l'an d'apprès avec gendarmerie
> Battre ce pauvre bourg de grosse artillerie,

Discours de la guerre et trouble
de Bernay qui commença en
janvier 1589 et finit *(sic)*.

Nottez qu'en lan cinq centz octante et neuf
Au moys de juing neufiesme et dix pour vray,
Feut une guerre faicte devant Bernay
Ou lon pensoit bien le rendre tout neuf.
Mais le dessein des soldart impudiques,
Qui combatoient, nestant point pascifiques,

Et qui fut prins d'assaut apprés maints coups portés,
Ou furent des deux pars plusieurs soldats tués.

. . . .

Cette fois encore la ville, eut beaucoup à souffrir. Pierre Prevost, commissaire extraordinaire de l'artillerie du duc de Montpensier, réclama, selon les lois de la guerre, les cloches des églises de Bernay. Les habitants furent autorisés par une lettre du duc, en date du 23 août 1591, à racheter leurs cloches. On eut bien de la peine à tomber d'accord, et ce ne fut qu'en 1596 que l'affaire se termina, moyennant la somme de 200 écus. Le Prevost, *Mém. et notes*, I, 298, et *Archives municipales de Bernay.* — A ce second siége de Bernay se rattache l'épisode suivant, fort curieux, quoique raconté d'une façon assez peu intelligible dans une note du Registre de la Charité de Notre-Dame de la Couture, fol. 44 v°. « En l'an cinq cents quatre vingtz et dix, Jehan Pocquet, boucher, bourgoys de Bernay, fut echevin en la charité de Notre Dame de la Cousture de Bernay, et conroet (?) ung grant desastre, telement que Bernay fut pilley, ravagé, et ny ult ny bourgoys ny marchant quis ni furent tous prins en ranson, et le cappitaine Vallages et Duclos qui faissoient porter les fagos de par le sergent les fores (?) et la mère de Valages, elle commandoiet sur les fossez aux souldars quis boutissent le feu aux fault bourgs, quil ne demeurit nulle maisson quil ne fust tantost brulés et consommés. Cela ne lours a de rien servy ; y nia que le pauvre monde qui en ayt paty ; car sans Valages et Duclos, jamais ne fust venu de Huguenos, reserve de monsᵉʳ de Sainct Denys qui estoit du nombre de nos amys ; car ny vouloyent loger aulcunement, et vouloient tenyr la moytyé de tous les bourgoys de Bernay. »

Feut bien changé, car bien troys cens moururent
A Sainct Michel pour les coups qu'ilz receurent.
Deux seulement ou troys feurent blessez
Par leur canon qui donnoit aux fossez,
Et nust esté quelque chef estranger
Qui avait pœur dainsy se voir renger,
Qui avec eux feit ung apoinctement,
Ilz feussent mors tous malheureusement.
Vous eussiés veu larme du catholique
Qui faisoit feu d'ung cœur martialique.
Aussy chaicun avoit devotion
De maintenir une saincte union ;
Signautement les devotieux freres
De charité faisoient maintes prières.
Ce feut allors qu'Echevin fut posey
Un bon bourgeoys nommé Louis Dehoisey,
Qui pour avoir faict a Dieu bon service
Et a ses freres, feut mis en telle office.
Il ne mettoit de commis en sa place,
Tant il aymoit servir de bonne grace.
On luy bailla tout le gouvernement
Et tous les biens pour serrer promptement.
Et n'eust esté sa bonne vigillance
Et la vertu de son entendement,
L'homme indiscrept neust pas faict conscience
De piller tout jusqu'au sainct ornement.
Bref, ce malheur dura si longue espace
Que le Christian navoit poinct de relache.
Cil qui souloit sur la mer traffiquer,
Et qui sur terre estoit pour pratiquer,
Nosoit marcher pour le grand brigandaige
Que lon faisoit par tout et le carnaige.

Cestoit grand cas que dedans sa maison
L'on estoit prins pour payer la rançon.
Cil qui estoit dedans ung fort chasteau
Estoit trahy et mis dans ung berceau.
Cil qui nestoit qu'un geux au temps passé,
S'estoit (Monsieur) qui avoit amassé.
L'on ne parloit rien que de vollerye,
D'assassinat et d'emprisonnerye.
Plusieurs vouloient que maint predicateur
Preschast le peuple ainsy comme ung menteur.
Mais ceans dedans estoit ung cordellier
Docte et scavant nommé mons^r Potier,
Qui dist si bien par ses doctes sermons
Quil confirma bien les devotions.
Bref, ce malheur ne peuet pas empescher
Que le chrestien nexposast et sa cher
Et tous ses biens pour soustenir la loy
De Jesus Christ nostre sauveur et roy,
Qui est tousiours au cœur des catholiques
Et dung seul Dieu chanteront les cantiques.

Au-dessous, on lit, d'une écriture du xviie siècle : « Pater et ave Maria pour le repos des âmes des frères servantz dans cette annéz ; a leurs intentions De profundis clamavi. »

Après le récit de cet événement, le Registre n'offre plus que des annotations insignifiantes et d'un style fort douteux. Nous en signalerons cependant quelques-unes.

Une note du f° 127 énumère les variations que subirent les monnaies à partir du 1er août 1720. Une autre note, sans date, nous apprend que « François Le Fortier, qui étoit clerc, a emporté un surplis à ladite charité qui a

2

couté la somme de dix huit livres *(sic)* ; il est sorti comme un coquin de ladite charité. »

En 1740, un sieur Bucaille, Jacques, échevin, qui avait pris soin de relever sur le Registre les noms de ses ancêtres qui avaient servi à ladite Charité depuis l'an 1454, ajoutait naïvement : « La Charité des Cordeliers de Bernay est une des plus anciennes de toute la province ; il n'y a servi que les principaux de la ville, quoy que l'on l'a vue l'espace de plus de dix années consecutifs qu'elle a marqué de frères, quoy qu'elle est bien rétablie depuis 1736, et il n'y a que des gens d'honneur qui servent actuellement. L'on doit prier pour le rétablissement de la ditte charité et la maintenir actuellement comme elle est. Pater, ave pour le repos desdits frères (1) ».

Le dernier acte inscrit sur le Registre est un accord de l'année 1751 conçu en ces termes : « Nous, frères servants à la noble charité des révérends pères Cordeliers, consentons tous ensemble, que tous frères et sœurs qui ont servi et serviront, auront tous pour leur service appartenant, une grande messe et deux basses messes, et en cas qu'ils soient francs, ils auront trois basses messes ; et ce que les frères demeurent d'accord et signé. » Suivent treize signatures (2).

Un grand nombre des nobles de Bernay et des environs de gens de robe et de bourgeois tinrent à honneur de servir à la Charité des Cordeliers. Jusqu'au xviiie siècle, les Charités formèrent des confréries considérables par le nombre

(1) *Registre*, fol. 152 v°.
(2) *Registre*, fol. 144 v°.

et la qualité de leurs membres, de véritables corporations avec leurs statuts, leurs privilèges, leurs insignes hiérarchiques. L'esprit de corps, auquel on a reproché tant de choses, avait au moins ce résultat de maintenir parfaitement honorable une association qui recrutait ses membres aussi bien dans le menu peuple que dans les rangs des gentilshommes. Et si d'abord on est étonné de voir la noblesse se mêler ainsi à ses vassaux dans une association populaire, on en trouve bientôt l'explication dans le sentiment exclusivement religieux qui les dirigeait les uns et les autres.

Il serait sans intérêt de citer tous les noms des personnes notables qui servirent du XVIe au XVIIIe siècle à la Charité des Cordeliers ; nous ne nommerons que les principaux.

1582. Me Jacques Le Maistre, lieutenant du bailli d'Alençon en la vicomté de Montreuil et Bernay.

1586. Noble homme Adrien Le Velain, sieur du Valot.

1593. Louis de Malleville, écuyer, sieur de Toussue (1). Pierre Liberge, sieur d'Espérande (2).

1597. Discrète personne Me Jacques de Malleville, écuyer, curé de Notre-Dame de la Couture.

1607. Me Adrien Querière, lieutenant de M. le bailli de

(1) La *Recherche* de B. Du Marle, en 1666, nous fournit les mentions suivantes relatives aux familles de quelques frères de la Charité des Cordeliers dont nous citons les noms : Robert de Malleville, sieur de Champeaux, à la Couture. Louis de Malleville, sieur de Theil-Nollent. André de Malleville, sieur du Plessis, à Menneval. Jean de Malleville, sieur d'Urcœur, à Saint-Clair d'Arcey, Pierre de Malleville, au Theil-Nollent.

(2) François et Pierre Liberge, à Grandcamp, fils de François Liberge, vicomte d'Echanfrey, à Grandcamp, ont renoncé à la qualité.

Mauny, en la vicomté de Plasnes et d'Echenfrey. Mᵉ Jean Fouques, conseiller du roi, président en l'Élection de Bernay.

1609. Mᵉ Jean Allais, conseiller du roi, lieutenant de M. le bailli d'Alençon en la vicomté de Montreuil.

1611. Noble homme Mᵉ Esprit Pipperey, prêtre, curé de Valailles.

1612. Jacques Legras, écuyer, sieur du Fief au Blanc (1).

1613. Mᵉ Jean de Croisy, écuyer, conseiller du roi, lieutenant en l'élection de Bernay (2).

1646. Mᵉ Adrien Fouques, écuyer, vicomte de Bernay (3). Mᵉ Jean Lamperière, lieutenant civil et criminel en la vicomté de Montreuil et Bernay.

1652. André Du Puis, vicomte de Bernay.

1656. Mᵉ Jacques Des Périers, écuyer, sieur de Coursy, conseiller du roi, lieutenant civil et criminel en la vicomté de Montreuil et Bernay.

1662. Mᵉ Robert Hayer, médecin. Mᵉ Pol Advenel, médecin.

1670. Adrien Le Vellain, écuyer, sieur du Bosc-Noir.

1673. Mᵉ François Noury, chirurgien.

1676. Mᵉ Pierre de La Vache, conseiller du roi, lieu-

(1) Jacques Legras, sieur du Fief Blanc. Jean et Guillaume Le Gras, à Grandcamp.

(2 Adrien de Croisy, sieur de Chaumont, à Vallages. Laurent de Croisy, sieur du lieu, à Plasnes, issus de Jean de Croisy, anobli en 1608. François-Philémon de Croisy, sieur de Vallages à Vallages, issu de Jean de Croisy, anobli en 1610.

(3) Pierre Fouques, sieur de Beauchamp. François Fouques, sieur du Parc à Bernay, issus d'Adrien Fouques anobli en 1634.

tenant civil et criminel en la vicomté de Montreuil et Bernay.

1686. M⁰ Jean Gruel, docteur en médecine.

1694. Jean du Thil, premier capitaine de la ville.

Le xviii⁰ siècle vit disparaître la Charité des Cordeliers. Elle se recrutait avec peine. « En 1731, dit une note du Registre, la charité s'est trouvée manquer de frères par le mauvais commerce et la cherté du pain (1). » On était bien parvenu à la rétablir en 1736, mais elle ne devait plus retrouver sa splendeur d'autrefois (2). En 1763, la Charité n'existait plus de fait ; on n'avait pas renommé d'échevin, les frères ne se réunissaient plus en assemblée, et tout porte à croire qu'ils avaient cessé de remplir leur fonction principale, l'inhumation des morts. Ils ne faisaient plus acquitter les services ni les fondations. Aussi, en 1767, les Religieux Cordeliers assignèrent-ils « devant le bailliage d'Orbec, siégeant à Bernay, le sieur René Lauzerey, échevin de la Charité ci-devant établie aux Cordeliers »

(1) *Registre*, fol. 100 v⁰ et 111 v⁰.

(2) Vers cette même époque, la Charité de Notre-Dame de la Couture eut beaucoup de peine à remplir ses cadres ; elle dut même recourir à des voies tout à fait extraordinaires, comme nous l'apprend la note suivante de son Registre, fol. 77 v⁰. « La charité manqua de frères en l'année 1734 ; le prévost et l'échevin, gens zélez, restérent seuls ; mais les habitants ayant jugé qu'il était d'une nécessité indispensable de la maintenir, firent deux délibérations reçuës par les nottaires de Bernay, le 29 aoust de ladite année, et le 9 janvier 1735, et signées par les principaux, tant pour eux que pour les absens, par lesquelles ils furent davis de faire omologuer au Parlement de Rouen les statuts et leur première délibération, afin de pouvoir forcer les paroissiens d'y servir chacun à son tour ; ils authorisérent à cet effet une personne qui en fît les poursuites, et à ce moyen la charité fut remplie. »

pour lui réclamer la clef de la chambrette, attenant à leur
église, où les frères tenaient leurs assemblées, ainsi que
les titres, deniers, ornements et meubles de la confrérie.

L'affaire semblait devoir s'éterniser, lorsque le 8 dé-
cembre 1773, le curé et les marguilliers de Sainte-Croix
intervinrent au procès, et adressèrent au lieutenant-parti-
culier, assesseur criminel au bailliage d'Orbec, une requête
en vue d'obtenir la réunion, au trésor de leur Fabrique, des
meubles et deniers de la Charité des Cordeliers, dont le
service avait cessé dès 1764.

Par sentence rendue au bailliage d'Orbec séant à Bernay,
le 18 du même mois, la fabrique de Sainte-Croix fut mise
en possession de tous les biens, titres et écritures de la
Charité, « à condition néanmoins de faire acquitter toutes
les charges de ladite charité, ainsi que les fondations d'i-
celle, conformément aux intentions des donateurs et bien-
faiteurs, et d'administrer le tout comme les autres biens de
ladite fabrique (1). »

Au nombre des meubles et ornements liturgiques appartenant à la Charité qui venait de disparaître, se trouvaient :
« une paix d'argent vermeillée par dessus ; un surplis de
toile à usage de clerc et une longue nappe de toile ; un dés
(sic) de velours cramoisy avec les franges or et soie complet,
renfermé dans une mauvaise boite », et en outre, « une
croix d'argent, une assensoire, une navette avec sa petite
cuillière, le tout d'argent. »

L'actif de la confrérie de la Charité des Cordeliers, au

(1) *Registre des audiences du bailliage d'Orbec séant à Bernay*
(Archives de l'Eure).

moment de sa suppression, s'élevait à 946 l. 17 s. 6 d. et les charges à 216 l. 16 s. La différence en recette de 730 l. 1 s. 6 d. fut versée dans la Caisse du Trésor de Sainte-Croix (1).

L'ABBÉ PORÉE.

(1) *Comptes de la fabrique de Sainte-Croix pour l'année 1774.* (Archives municipales de Bernay.)